Stephanie Borges

Feito um sonho

Eu não tenho hora pra morrer, por isso sonho

    Rita Lee

No sé si existe la vanguardia,
pero el futuro es un beso en la casa del sueño.

    Cecilia Pavón

then i awoke and dug
that if i dreamed natural
dreams of being a natural
woman doing what a woman
does when she's natural
i would have a revolution

    Nikki Giovanni

uma mulher acorda

em um delicado porta-joias
ela encontra seus dentes
e desperta pelo espanto
passa a língua por trás dos incisivos
e o vazio

suspira,
todos dentro da caixa forrada de veludo,
as raízes com rastros de sangue
mal pareciam estar no lugar errado

aqueles dentes
haviam batido em beijos afobados,
se quebrado em aulas de educação física,
trincado sob a pressão do maxilar travado,
vinte poucos dentes [alguns perdidos no caminho]
e o pavor da boca desabitada, o rosto de repente
esvaziado da selvageria

parecem até inocentes, assim numa caixinha
amontoados fora da arcada hierárquica
eram quase livres,
chegou a pensar
antes de sentir sua falta
saudades de seus dentes

passou as pontas dos dedos sobre eles
esperando a revelação de como os perdeu,
se poderiam estar perdidos,
guardados num porta-joias sobre a cômoda
quem teria escolhido a caixa, era bonita,
pareciam repousar de décadas de abuso
e cigarros, cafés, espressos, aparelho fixo
e o desprezo pelas recomendações odontológicas

a boca se enchia da falta
nunca lhes deu trégua, mas agora era insuportável
o choro pastoso, a falta de resistência,
não há mais o medo de morder a si mesma,
a possibilidade da dor freando a língua

seus dentes
lhe parecem até melhores fora dela
que nunca teve sisos, não havia juízo
a rasgar suas gengivas, é a evolução,
o futuro dispensa quatro dentes
e o apêndice que só serve para inflamar

mas não chora, tudo se ajeita
implantes são possíveis, porcelana
e as lágrimas voltam porque xícaras
pires, se prestam de enfeite,
mas não,
predadores não sobrevivem com louça
entre as mandíbulas
são para sorrir e enfeitar
ocupar espaço, no máximo

no porta-joias forrado de veludo
seus dentes
são inúteis como pingentes delicados
sequer servem de oráculo
jogados sobre a mesa a prever o futuro

existem opções, próteses
pinos de platina atingindo os ossos
com belas peças de resina nas pontas
até parecem de verdade

servirão para trinchar?
podem ser exibidas com escárnio?
chegarão a representar um risco?

ela suspira
será possível
o abandono
pelos próprios dentes

serviço

ainda que o poema
seja o trabalho
as contas não param
aluguel luz condomínio
o poema não vende
e são necessários muitos
até chegar a um produto
possível de ser trocado
não necessariamente
por dinheiro, embora
todo livro tenha seu preço
o bloco, a caneta
são baratos, o valor está
no tempo
necessário para a tentativa
e erro
o erro repetido
repetido até o ritmo
e o ouvido reconhecer o erro
e a mão perder
o medo de cortar

e nada paga
pelo aprendizado do trabalho
pelo corpo, os olhos
exaustos, o baque
ao ler e reler e reler poesia
livros podem ser trocados,
vendidos para abrir espaço
assim circulam
e no entanto
todo o tempo
preciso
até estar preparada
ou acreditar estar

são dezenas, talvez centenas
de contas, cinco, seis no mês
vezes doze multiplicadas pelos anos
a poeta precisa
pagar os boletos
conhecer mais poetas
e a internet ajuda muito, mas
é outra conta, é o caso
de conseguir emprego, abrir
um negócio, passar
no concurso e então
ser poeta se torna
isso que não se pode
deixar de ser durante o outro

Rimbaud trocou de continente
na impossibilidade
de ser um ex-poeta
talvez a geografia, o clima
a paisagem impusessem
outra maneira de lidar
com o aprendizado do corpo
é preciso proteger o tempo
entre expedientes, o transporte
anotar fragmentos no percurso
garimpar no sebo aceitar
empréstimos, nem só de livros
gravar notas no celular
a poeta trabalha muitas vezes
da primeira versão à final,
revisa e corta e risca

é comum a jornada ser tripla
quando há o poema
um emprego
uma casa e mais
se houver filhos
a poeta não para

recita entre os dentes seus versos
como quem fala sozinha
tentando o som, a quebra
e se cansa
garantindo o dinheiro
para todas as coisas
que permitem sentar e escrever
sem fazer as contas

este, o que tem uma chance
entre tantos que sequer chegarão
a serem terminados, não deu tempo
era preciso mais cuidado
leitura e atenção
para o poema, dá trabalho
mas a poeta
também
precisa
dormir

portal

Imagina ser mais
que o corpo
e as leituras
de digitais, íris, traços
texturas, não a alma
mas ser a recusa de um corpo
habitar suas células
cada fluxo e não ser
seu nome cpf endereço
deixar de se preocupar
em provar que é gente
e inventar vidas
já que nem te pensam
uma pessoa

Imagina ser a cobra
que ao trocar de pele
cria asas
e não foi Deus
quem deu
por isso não interessa
chegar ao céu, mas voar
baixo, rente ao mar,
morder o próprio rabo
ser imperceptível
ao radar, deixando apenas
rastros de penas e pele
sem se preocupar
em voltar ao pó

Imagina a espiral do tempo
e que o passado é agora
e o pior que pode acontecer
é nada
e já estamos aqui

nesse deserto, então
qualquer salto é movimento
enraíza, fura uma onda,
desliza por um buraco
cava um túnel
porque o caminho é através
e vivo e ninguém sabe
como chegar lá
só é possivel sendo outra
a cada passo
então vai.

Virginia I

você nos ensinou ou nos deu
palavras para aquela angústia

a urgência de matar o tal
anjo do lar, todos os dias,
de preferência bem cedinho

prefiro logo depois
do primeiro café enquanto
as ideias vindas em sonho
ainda pairam sob as pálpebras
antes que o cérebro
se concentre nas tarefas
e qualquer rascunho
se transforme em lista
de compras e pendências

quando é assim, foi distração
e o anjo se empoleirou
na janela da cozinha
ressuscitado e sorridente
observando a mão se render
ao hábito da eficiência,
sussurrando docemente
a velha mentira: pode
deixar o poema para depois

quando bem desperta
espero pelo maldito
com lápis afiado
e estocadas rápidas,
um empurrão do batente
antes que ele solte
suas penas na minha casa

e embora você jamais
tenha pensado em nós que não
somos brancas nem herdeiras,
não dispomos de renda
se temos um quarto nosso
ainda assim é raro
ter alguma paz

Audre e Gloria
releram a lição e trabalharam
contra o cansaço e o tempo,
com elas aprendemos
que dominada a arte de matar
o tal anjo, também podemos
agradecer e seguir
entender como são outros
nossos caminhos

talvez desistir da busca
por um modelo inalcançável
seja o que nos salva
de seguir seus passos
dentro do rio

presságio

às vezes ainda sonho com você
não faz sentido, é como
os sonhos em que preciso
voltar à escola, para ter aulas
de matemática, é estranho
mas vou e me atraso e nunca lembro
como resolver a equação, acho injusto
dedicar meu tempo a problemas
que não me servem hoje, fico aflita
e percebo: é um sonho.

é você embora eu não queira
te encontrar e há um estranhamento,
não nos falamos nem em sonho
pois o corpo guarda
a memória do cansaço
das últimas conversas,
a repetição interminável,
não sobrou o que dizer.
acordo me perguntando
como sonhar o silêncio?

quero crer que esses sonhos
esquisitos signifiquem
que é possível
viver sem dominar
álgebra e abandonar
ilusões do que não era
amor, esquecer o medo
de não saber as fórmulas:
uma hora a gente acorda

Nota das tradutoras

Sonhos e poemas partem do corpo. São experiências nas quais a linguagem e as imagens se estruturam de forma peculiar. Registrar um sonho não é interpretá-lo nem traduzi-lo. No entanto, um poema se aproxima da forma como o sonho, algo tão particular, é esquivo, até para quem o escreve. Se sempre há algo que nos escapa na leitura de um poema, escrever poemas a partir de sonhos é uma tentativa de expandir as possibilidades de escrever e de sonhar.

Comecei a traduzir poesia como um exercício para fortalecer minha voz e encontrar maneiras de colocar minhas ideias nos poemas. A prática da tradução me permite investigar como diferentes poetas articulam imagens, pensamentos e senso de humor. Traduzir também me encorajou a pensar a poesia como um espaço de liberdade numa sociedade desigual e injusta, na qual até os sonhos e a imaginação são territórios de disputa.

Lutar pelo que parece inimaginável é seguir uma rota sem mapas. Os caminhos e as táticas mudam o tempo todo. Então, diante da folha em branco, eu me pergunto: como uma mulher negra pode falar de suas experiências quando não deseja se traduzir para as imagens da branquitude?

Penso muito sobre a recusa. Quando se vive num mundo em que seu corpo é lido socialmente de forma violenta, subalterna, muitas vezes o caminho se abre ao dizer "não". Não quero dar testemunho da minha humanidade, não pretendo convencer pessoas brancas da necessidade da mudança, se até agora elas não perceberam o óbvio. Quero recusar as imagens de controle,[1] me refugiar na opacidade.[2] No poema e no sonho nem tudo

---

1 Para mais detalhes, ver o capítulo "Mammies, matriarcas e outras imagens de controle" em *Pensamento Feminista Negro: Conhecimento, consciência e a política do empoderamento*, de Patricia Hill Collins, tradução de Jamille Pinheiro Dias, Boitempo, 2019.

2 "O opaco não é o obscuro, mas ele sê-lo e ser aceito como tal. Ele é o não redutível, que é a mais viva das garantias de participação e de confluência." O poeta e pensador Édouard Glissant defende o direito à opacidade em *Poética da Relação*, tradução de Marcela Vieira e Eduardo Jorge de Oliveira, Bazar do Tempo, 2021.

precisa fazer sentido, e ainda assim sonhar e ler poesia podem alterar o que entendemos como realidade, seja no nível individual, seja no coletivo. O que pode acontecer quando muitas pessoas se permitem sonhar com modos de viver que ainda não conhecemos?

*

Traduzir meus poemas me parecia uma tarefa impossível. No entanto, se traduzir é um aprendizado, uma maneira de pensar a escolha das palavras, o ritmo, a sintaxe, as ambiguidades e o espaço para que a leitora participe, o que eu poderia descobrir ao dedicar esse tipo de atenção aos meus poemas?

Ainda que meus poemas mereçam o mesmo cuidado que ofereço aos de outras autoras, na tradução, eu precisava de distância. De outros olhares. De boas perguntas. A solução foi traduzir em conjunto. E quem seria melhor que uma amiga para ter essa conversa que é crítica e criativa, cheia de erros, dúvidas e incertezas? Se a amizade comporta o tempo, o silêncio, a distância, o compartilhamento dos sonhos e as primeiras leituras de poemas, ela também pode acolher um projeto de tradução.

*

"o importante é ter comparsas" – é um verso no primeiro livro que Stephanie publicou, *Talvez precisemos de um nome para isso* (Cepe, 2019). É também um lema de vida para alguém que acredita na amizade como uma troca de generosidades, uma força que nos sustenta nos tempos difíceis. É ainda um feitiço de proteção: quem não está comigo, por gentileza, que fique bem longe de mim. Neste livro, eu, Livia, não passo de uma comparsa. Isto é, eu tive a graça de ter sido a comparsa escolhida pela Stephanie para colaborar nesta tradução.

*

É tarefa ingrata explicar o que recusa explicação. São assim os sonhos, os poemas, as trocas intelectuais, a amizade, a fé, o tesão e a piada, sobretudo a piada. Que não se explica piada, é consenso internacional. Mas talvez pudéssemos incluir a tradução nessa lista de coisas imponderáveis e fascinantes, que são assim justamente porque só nos aproximamos do sentido delas.

A ambiguidade é condição de possibilidade para os poemas de Stephanie. O uso recorrente do sujeito oculto, recurso da língua portuguesa sem equivalência no inglês, não é um simples truque, é fruto de uma visão de mundo. O poema "portal", além disso, é estruturado com imperativo e infinitivo, duas formas verbais de gênero neutro.

> Imagina ser mais
> que o corpo
> e as leituras
> de digitais, íris, traços
> texturas, não a alma
> mas ser a recusa de um corpo
> habitar suas células
> cada fluxo e não ser
> seu nome cpf endereço

Na ausência de pronomes, não sabemos maiores detalhes a respeito do sujeito implícito. Ainda que a tradução do poema siga a mesma estrutura, seus efeitos variam conforme o idioma. Se neutralidade de gênero é um recurso mais comum em inglês do que em português, a incerteza sobre quem fala e com quem pode soar pouco familiar para leitoras do inglês.

> Imagine being more
> than the body
> and readings
> of fingerprints, iris, features
> textures, not the soul
> but the refusal of a body
> to inhabit your cells
> and each flow and not to be
> your name ID address

Nos poemas de Stephanie, o uso do sujeito oculto, pode ser compreendido como uma confluência entre a crença na interconexão entre todas as coisas – aprendida nas religiões de matriz africana, que entendem o sonho como experiência e fonte de conhecimento – e a crítica ao pensamento Ocidental. Se a filosofia moderna e as sociedades contemporâneas não reconhecem mulheres negras como sujeitas e intelectuais orgânicas, a poeta evita reforçar uma voz poética na primeira pessoa do singular. A agência sobressai em relação ao eu.

Uma vez que tudo é, em movimento, sujeito e objeto também não podem ser estáticos. Por isso, como alternativa para o sujeito oculto, em inglês apostamos no uso de infinitivos e da primeira pessoa do plural para evitar a primeira pessoa do singular. De fato, o agente do poema pode mudar. Às vezes nos deparamos com diferentes vozes ao longo dos versos – o eu lírico, a leitora ou ainda uma terceira pessoa a quem se fala como em uma correspondência.

A indefinição desses poemas não os impede de ser diretos, quando convém. Sem tempo para eufemismos, Stephanie é uma remixadora de verdades verdadeiras. E certas verdades enxergamos melhor nos sonhos. *Holística* talvez seja uma palavra-síntese para essa poética que nega a conciliação e recombina referências das mais diversas ordens. Para citar algumas: referências religiosas (afro-brasileiras, esotéricas, bíblicas), teóricas (do interesse epistemológico da tradutora à sabedoria socrática das suas perguntas de ensaísta; da psicanálise aos feminismos decoloniais) e referências cotidianas (da cultura pop, dos objetos do guarda-roupa, do trabalho). A bagagem intelectual da poeta e leitora sofisticada convivem numa boa com um humor afiado e uma insubordinação a normas e hierarquias caducas de várias instituições coercitivas, entre elas a gramática.

Desse modo, os poemas da Stephanie são um convite para uma conversa franca. Seu pacto com a lucidez é uma estratégia radical de autocuidado. A maioria das escolhas formais é determinada pela oralidade. As quebras correspondem à natureza aleatória das pausas do dia a dia. Como conversas que acomodam interrupções e silêncios, elas respeitam o tempo de duração das experiências, suas circunstâncias e irregularidades. Às vezes versos longos são seguidos de versos com uma só palavra.

É como se a poeta parasse para um gole de café ou um trago num cigarro, enquanto conta um caso pruma amiga, recorrendo às memórias partilhadas, *sabe como/ quando você/ então*. Pois é. Quem fala também deve saber ouvir.

Para recriar em inglês esse tom de conversa oracular, filosófica e afetiva, entendemos o rigor formal e a oralidade como complementares. Tudo o que soa espontâneo em matéria de escritura é, na verdade, fruto de um trabalho rigoroso. E às vezes é trabalho de uma vida inteira, sem exagero, para que o "sonho" criativo se arranje na prática e seja diligentemente mantido no tempo e no espaço (mental e material), como o poema "serviço" observa.

O trabalho com essa tradução não foi diferente. Para a tarefa, contamos com leituras generosas e sugestões dos amigos Flora Thomson-Deveaux e Chris Daniels, dois tradutores que se dedicam a divulgar a literatura brasileira nos Estados Unidos. Encontramos, então, por tentativa e erro, lendo em voz alta com os sotaques de quem aprendeu inglês por canções, filmes e dicionários, outras consoantes para as aliterações, diferentes conectivos e conjunções verbais para transmitir o ritmo, novos espaços propícios para criar silêncios.

Ao longo desse processo, um dia Stephanie me disse, perplexa: "eu não coincido comigo mesma em inglês". "Mas nunca coincidimos, né, amiga, nem em português." E tudo bem, eu acho. Pelo menos é o que acontece com tanta coisa boa: com sonho, poesia, tradução, amizade. Vai ver o importante é fazer desse outro eu nessa outra língua também um comparsa. E viver pelos encontros que nos garantem chão seguro para o despertar.

Desde que conheci Stephanie, encontrei nela um pedaço de casa longe de casa, um cantinho que dispensava explicações. Não escolhemos nossas amigas por qualquer razão, elas são com quem dividimos uma língua secreta num espectro maior de um idioma, talvez compartilhado de nascença, talvez não. Talvez ainda, um idioma sem palavras. Depois de mais de dez anos de amizade, entre nós, é preciso falar pouco e já sabemos de tudo. O esforço aqui de nos fazer entender, é apenas para que você, leitora, fique à vontade para também fazer parte da gangue.

— Stephanie Borges & Livia Azevedo Lima
Rio de Janeiro & Seattle, verão & inverno de 2023

Stephanie Borges (1984) é poeta e tradutora. Vive no Rio de Janeiro. Traduziu livros de Claudia Rankine, Audre Lorde, bell hooks, Margaret Atwood e Jericho Brown ao português. Seu livro de estreia *Talvez precisemos de um nome para isso* recebeu o IV Prêmio Cepe Nacional de Literatura na categoria poesia.

Livia Azevedo Lima (1989) é editora e ensaísta multimídia com doutorado em Meios e Processos Audiovisuais pela Universidade de São Paulo. Vive em Seattle. Além do seu trabalho editorial, ela é curadora do Travessias—Brazilian Film Festival, realizado no Northwest Film Forum, e coordenadora do workshop de editoração da *Los Angeles Review of Books*.

Feito um sonho
© Stephanie Borges, 2023
Tradução © Stephanie Borges e Livia Azevedo Lima, 2023
Nota das tradutoras em inglês e português do Brasil © Stephanie Borges e Livia Azevedo Lima

Señal #22
ISBN 978-1-946433-96-1

Primeira edição / Primeira impressão, 2023
550 exemplares

Ugly Duckling Presse
The Old American Can Factory
232 Third Street, #E-303
Brooklyn, NY 11215
uglyducklingpresse.org

Design gráfico da série: Andrew Bourne
Composição tipográfica: Jennifer Shyue
Fonte: Chronicle Text
Impressão e encadernação: Sheridan (Saline, Michigan)
Impressão tipográfica da capa e da folha de guarda: Ugly Duckling Presse

Este projeto é apoiado, em parte, por uma bolsa de Programas, Parcerias e Inovação de Poesia da Poetry Foundation e por uma concessão da National Endowment for the Arts.

Made of Dream
© Stephanie Borges, 2023
Translation © Stephanie Borges and Livia Azevedo Lima, 2023
Translators' Note in English and Brazilian Portuguese © Stephanie Borges and
Livia Azevedo Lima

Señal #22
ISBN 978-1-946433-96-1

First Edition, First Printing, 2023
550 copies

Ugly Duckling Presse
The Old American Can Factory
232 Third Street, #E-303
Brooklyn, NY 11215
uglyducklingpresse.org

Series design: Andrew Bourne
Typesetting: Jennifer Shyue
Type: Chronicle Text
Printing and binding: Sheridan (Saline, Michigan)
Cover and fly leaf letterpress: Ugly Duckling Presse

This project is supported, in part, by a Poetry Programs, Partnerships, and
Innovation grant from the Poetry Foundation, and by an award from the
National Endowment for the Arts.

NATIONAL
ENDOWMENT ⁞ **ARTS**
arts.gov

Stephanie Borges (1984) is a poet and translator. She lives in Rio de Janeiro. She has translated works by Claudia Rankine, Audre Lorde, bell hooks, Margaret Atwood, and Jericho Brown into Brazilian Portuguese. Her first poetry collection, *Talvez precisemos de um nome para isso* (Maybe We Need a Name for This), received the IV Prêmio Cepe Nacional de Literatura.

Livia Azevedo Lima (1989) is a multimedia editor and essayist with a Ph.D. in Cinema and Media Studies from the University of São Paulo. She lives in Seattle. Alongside her editorial work, she curates the Travessias Brazilian Film Festival at Northwest Film Forum and coordinates the *Los Angeles Review of Books* Publishing Workshop.

To recreate this tone of oracular, philosophical, and affective conversation in English, formal rigor and orality complement each other. Actually, what sounds spontaneous in writing is often the result of rigorous work. And it may take a lifetime's work, without exaggeration, for the creative "dream" to become a practice that is diligently maintained in time and space (mental and material), as we see in the poem "job."

The work with this translation was similar. For the task, we relied on the generous readings and suggestions of our friends Flora Thomson-Deveaux and Chris Daniels, two translators dedicated to promoting Brazilian literature in English. We found, then, by trial and error, reading out loud with the accents of those who learned English through songs, movies, and dictionaries, other consonants for the alliterations, different connectives, and verbal conjunctions to convey the rhythm, new conducive spaces to create silence.

During this process, Stephanie told me, perplexed, one day: "I don't coincide with myself in English." "But we never coincide anyway, my friend, not even in Portuguese." And that's fine, I guess. At least, it is what happens with many good things in life: dreams, poetry, translation, friendship. So, maybe the important thing is to make this other me in this other language also an accomplice. And to live for the encounters that guarantee us safe ground for awakening.

Ever since I met Stephanie, I found in her a piece of home away from home, a little corner that needed no explanation. We don't choose our friends at random; they are the ones with whom we share a secret language in a larger spectrum of a language, perhaps shared by birth, perhaps not. Maybe this is a language without words. After more than ten years of friendship, we have to say almost nothing to know everything. The effort to make sense here is only for you, dear reader, to become part of the gang.

— Stephanie Borges & Livia Azevedo Lima

Rio de Janeiro & Seattle, Summer & Winter, 2023

dreams as an experience and a source of knowledge—and a criticism of Western thought. If modern philosophy and contemporary societies do not recognize Black women as subjects and organic intellectuals, the poet avoids reinforcing the first person singular. Agency stands out over the self.

Since everything is in motion, subject and object cannot be static. Therefore, as an alternative to the sujeito oculto, in English, we use infinitive verbs or first-person plural to avoid the first-person singular. In fact, the agent of the poem may change. Sometimes we encounter different voices along the verses—the lyric self, the reader, or even a third person addressed as if in correspondence.

The elusiveness of these poems doesn't mean they're not direct when they need to be. With no time for euphemisms, Stephanie is a remixer of true truths. And certain truths we see better in dreams. Maybe *holistic* is a word synthesis for a poetics that denies conciliation and recombines references of many sorts. To name a few: religious references (Afro-Brazilian, esoteric, biblical), theoretical (the epistemological interest of the translator; the Socratic wisdom of her essayist's questions; psychoanalysis; decolonial feminisms), and references from everyday life (pop culture, objects in the closet or work-related). Her intellectual baggage and sophistication as poet and reader coexist with her sharp humor and insubordination to the outdated norms and hierarchies of various coercive institutions, among them grammar itself.

Stephanie's poems invite a frank conversation. Her pact with lucidity is a radical self-care strategy. Orality informs most formal choices. Breaks correspond to the random nature of everyday pauses. Like conversations that accommodate interruptions and silences, they respect the length of experiences, their circumstances, and irregularities. Sometimes long lines are followed by one-word lines, as if the poet stops to sip her coffee or to take a drag of a cigarette while telling a story to a friend, resorting to shared memories, *you remember / when*. That's right. Those who speak must know how to listen.

Ambiguity is a condition of possibility in Stephanie's poems. The recurrent use of the sujeito oculto [hidden subject], a resource in Portuguese without equivalence in English, is not a simple trick; it's the result of a worldview. In Portuguese, the verb conjugation indicates person, tense, number, and gender, so the pronouns are optional in some sentences. On top of that, the poem "portal" is structured with imperative and infinitive, two gender-neutral verb forms:

Imagina ser mais
que o corpo
e as leituras
de digitais, íris, traços
texturas, não a alma
mas ser a recusa de um corpo
habitar suas células
cada fluxo e não ser
seu nome cpf endereço

The subject is implied, but without specific details, given the lack of pronouns. Although the translation of the poem follows the same structure, its effects will vary accordingly to the language. Gender neutrality is more frequent in English than in Portuguese, but the uncertainty about who is speaking to whom may sound unfamiliar to English readers:

Imagine being more
than the body
and readings
of fingerprints, iris, features
textures, not the soul
but the refusal of a body
to inhabit your cells
and each flow and not to be
your name ID address

The choice to use the sujeito oculto can be understood as the confluence between the belief in the interconnection of all things—a lesson learned in Afro-Brazilian religions, which see understand as reality at an individual and collective level. What can happen when many people give themselves permission to dream about ways of living that we don't yet know?

*

Translating my own poems seemed an impossible task. However, if translating is a learning process, a way to think about word choice, rhythm, syntax, ambiguities, and the space for the reader to participate, what could I find out by devoting this kind of attention to my poems?

Even though my poems deserve the same care I offer to other authors, I needed distance to translate them. I also needed different perspectives and good questions. The solution was a collaborative translation. And who could be better than a friend to engage with in this critical and creative conversation, full of mistakes, doubts, and uncertainties? If friendship encompasses time, silence, distance, the sharing of dreams and first drafts of poems, it can also embrace a translation project.

*

"the main thing is to find accomplices"—is a line in Stephanie's debut poetry collection, *Talvez precisemos de um nome para isso* [Maybe We Need a Name for This] (Cepe, 2019). At the same time, it is a life motto for those who believe in friendship as an exchange of generosities, a force that sustains us in tough times. It is also a protection spell: whoever is not with me, stay far away from me, please. In this book, I, Livia, am only an accomplice. That is, I was the fortunate accomplice Stephanie chose to collaborate with on this translation.

*

It is a thankless task to explain what refuses explanation. In this category, we find dreams, poems, intellectual exchanges, friendship, faith, sexual attraction, and jokes, especially jokes. That one should never explain jokes is an international consensus. But perhaps we could include translation in this list of imponderable and fascinating things that are puzzling because we can only come close to their meaning.

Translators' Note

Dreams and poems come from the body. They are experiences in which language and images are peculiarly structured. To write down a dream is not to interpret or translate it. Yet a poem is similar to the way a dream, something so particular, is elusive, even to the person who writes it. If there is always something lurking when we read a poem, writing poems of dreams is an attempt to expand the possibilities of writing and dreaming.

I started translating poetry as an exercise to strengthen my creative voice and find strategies to get my ideas into poems. My translation practice allows me to investigate how different poets articulate images, thoughts, and sense of humor. Translating has also encouraged me to think of poetry as a space of freedom in an unequal and unjust society, where even dreams and imagination are fields of dispute.

To fight for what seems unimaginable is to follow a route without maps. Paths and tactics change all the time. So, I ask myself before the blank page: how can a Black woman speak about her experiences when she doesn't want to translate herself into the images of whiteness?

I often think about refusal. When you live in a world in which your body is socially read in a violent, subaltern way, saying "no" can open up new ways. I don't want to bear witness to my humanity; I don't want to persuade white people of the need for change if, so far, they have not realized what's obvious. I want to refuse controlling images,[1] to take refuge in opacity.[2] Although not everything must make sense in the poem and the dream, dreaming and reading poetry can transform what we

---

1 For more details, see the chapter "Mammies, Matriarchs, and Other Controlling Images," in Patricia Hill Collins, *Black Feminist Thought: Knowledge, Consciousness, and the Politics of Empowerment* (New York: Routledge, 2009).

2 "The opaque is not the obscure, though it is possible for it to be so and be accepted as such. It is that which cannot be reduced, which is the most perennial guarantee of participation and confluence." The poet and thinker Édouard Glissant advocates for the right to opacity in *Poetics of Relation*, trans. Betsy Wing, (Ann Arbor: University of Michigan Press, 1997).

augury

I still dream about you sometimes
it doesn't make sense, it's like
those dreams where I have
to come back to school
take math classes, it's weird
but I go, I'm late, and I never remember
how to solve the equation, and it seems
unfair to spend my time on
useless problems now, I get stressed
and then I realize: I'm dreaming.

you're there though
I don't wanna see you, it's strange
we don't talk to each other
even in my dreams because
my body keeps
the memory of the exhaustion
of our last conversations,
the endless repetitions,
there's nothing left to say.
I wake up wondering
how can I dream the silence?

I want to believe
that these eerie dreams
mean it's possible
to live without mastering
algebra and to leave behind
illusions of what was never
love, to forget the fear
of not knowing the formula
anytime we'll wake up

even if you've never
thought of us who
aren't white or heiresses,
those with no estates to our name,
when we have a room
of our own
it's still rare
to find some peace

Audre and Gloria
reread the lesson and worked
against exhaustion and time,
we learned with them that
having mastered the art of killing
the angel, we can also
thank you and go on
understanding how our paths
are unlike others

maybe giving up the search
for an unattainable model
will save us from
following your footsteps
into the river

Virginia I

you taught or gave us
the words for that anguish

the urgent need to kill the
angel in the house, every day,
preferably first thing in the morning

I'd rather just after
my first coffee while
ideas from a dream
still float under eyelids
before the brain
concentrates on tasks
and any scribble
becomes a list
of groceries

in such cases, I was distracted
and the angel perched
on the kitchen windowsill
resurrected and cheerful
watching the hand surrender
to efficiency's habit,
sweetly whispering
the old lie: you can
leave the poem for later

when I'm wide awake
I wait for the damn thing
with a sharp pencil
and quick strokes,
push it out the window
before it can shed
feathers in my house

and we're already here
in this desert, so
any leap is movement
root, dive,
slide inside a hole
hollow out a tunnel
because the way is through
and alive and no one knows
how to get there
unless you're another
at each step
so, go.

portal

Imagine being more
than the body
and readings
of fingerprints, iris, features
textures, not the soul
but the refusal of a body
to inhabit your cells
and each flow and not to be
your name ID address
to stop worrying
about proving you're human
and make up lives
even if they don't think
you are a person

Imagine being the snake
that when it sheds its skin
grows wings
that weren't given
by God
so going to heaven
doesn't matter
but to fly
low, skimming the sea,
biting its own tail
being indetectable
to any radar, leaving just
traces of feathers and skin
without bothering
about returning to dust

Imagine spiral time
and that the past that is now
and the worst that could happen
is nothing

usually, she works harder
when there is
the poem
an office
a house and more
if she has kids
the poet doesn't stop
she speaks her lines between her teeth
as if she's talking to herself
testing the sound, the breaks
and she gets tired
earning the money
for all that let her
to sit down and write
without thinking about the bills

to write this one, which has a chance
among many others that
won't get finished,
there was no time
the poem needed more care
and reading and attention
but the poet
also
needs
sleep

ready or believe
you are
there're dozens, maybe
hundreds of bills,
five or six each month
times twelve each year
the poet needs
to pay the bills and
get to know more poets
the internet is helpful, but
here's another bill, the poet
should really get a job, start
a business or work for
the government, so
to be a poet
becomes what
you can't stop being
even during business hours

Rimbaud moved to another continent
because it was impossible for him
being an ex-poet
maybe it was the geography, the weather,
the landscape forced upon him
another way to deal with
everything the body learned
you must protect your time
between shifts, on public
transportation, to write down fragments
as you go, to dig for a
used book, to borrow
not only from the library
you have to take notes
on your phone, because
the poet works hard
from draft to final version,
revises, cuts, scratches out

job

even though the poem
is the work
the bills don't stop
rent utilities
the poem doesn't sell
and you need so many of them
to create a product
that could be traded
the exchange doesn't have
to involve money, but
each book has its price
paper, pen
are cheap,
the cost is the time
needed to try
and fail
to repeat the mistake
to repeat the mistake until
you get the rhythm and
your ear recognizes the failure
and your hand loses
the fear of cutting

and nothing pays
for what it takes for your body to learn it all,
your exhausted eyes, the hit
of reading and rereading poetry
books can be exchanged,
sold to free up space
as they circulate

although
all the time
you need
until you feel

she sighs
could it be
she's been dumped
by her own teeth

her mouth filled with yearning
she'd never given her teeth a moment of rest
but now it was unbearable, this mushy crying,
the absence of resistance, she's not afraid of
biting herself anymore, the possibility of pain
holding her tongue

her teeth
seem better than ever away from her
she never had wisdom teeth, nor caution
pushing up through her gums, it's evolution,
the future can do without four teeth
and an appendix that's only there to flare up

oh, don't cry, everything will be all right
dental implants a possibility, porcelain,
but her tears come back 'cause cups and
saucers are all well and good but she knows
that predators don't survive with a china set
between their jaws
porcelain can give you a smile, beauty,
fill in the blank, at most

inside the velvet-lined jewelry box
her teeth are useless as delicate pendants,
they can't even be cast on a table
to foresee the future

there are options, prosthesis
platinum rods going down to the bone
with beautiful resin caps
they sure look real

would the stand-ins be able to cut?
could they grin in scorn?
could they present any risk?

a woman wakes up

and in an exquisite jewelry box
she finds her teeth
awakened by the fright
her tongue reaches for her incisors
and finds a blank

she sighs,
they're all in the velvet-lined box,
the blood-streaked roots
they hardly even seemed
out of place

those teeth
some of them clashed in hurried kisses,
broken during PE classes
or cracked under the vise of her jaw
twentysomething teeth [she lost some along the way]
and the dread of an uninhabited mouth, suddenly
her face is fierceless

they even look innocent, the teeth in a box,
heaped up in defiance of the hierarchy of the arch
they were almost free,
she thought just before
she realized she missed them
she craved her teeth

and touched them with her fingertips
waiting for a revelation of how she'd lost them,
if they really could be lost,
all of them inside a jewelry box on the nightstand
and who could have picked such a pretty box
they seemed to be resting after decades of abuse
and cigarettes, espressos, braces
the complete disregard for dentists' recommendations

Eu não tenho hora pra morrer, por isso sonho

Rita Lee

No sé si existe la vanguardia,
pero el futuro es un beso en la casa del sueño.

Cecilia Pavón

then i awoke and dug
that if i dreamed natural
dreams of being a natural
woman doing what a woman
does when she's natural
i would have a revolution

Nikki Giovanni

Stephanie Borges

Made of Dream

Translated from Brazilian Portuguese
by **Stephanie Borges** and **Livia Azevedo Lima**

SEÑAL